疫《えき》神《しん》病《やまい》除の護符に描かれた
元三大師《がんざんだいし》
良源《りょうげん》

疫病退散！角《つの》大師ムック編集部 編

●元三大師疫神病除の護符（角大師のお札）
良源の生誕地とされる玉泉寺《ぎょくせんじ》が復刻した疫病よけのお札。延暦寺大林院から譲り受けた江戸時代の原本を、玄関先に貼りやすいよう縮小して印刷した。「疫神病除」と記されたお札はこの版のみという。本堂での配布のほか、郵送（切手添付の返信用封筒を同封）でも受け付けている。

■玉泉寺
〒529-0111 滋賀県長浜市三川町945

もくじ

伝説と護符

不思議な力で七変化

平安時代の僧・良源《りょうげん》は法力《ほうりき》を使って、「角《つの》大師」「鬼大師」「豆大師」など、さまざまな姿に変化《へんげ》したという。そんな伝承の一部を紹介しよう。

●写真：玄関先に貼った元三大師疫神病除の護符（角大師のお札）

角《つの》大師――鬼の姿で疫病《えきびょう》退散！

良源《りょうげん》が「角大師」と呼ばれるようになった由来として、こんな伝承が残っている。

世に疫病が流行っていた永観2年（984）の雨の夜、比叡山《ひえいざん》の良源のもとに疫病神《やくびょうがみ》が現われた。良源は「ここから体の中に入れ」と小指を差し出す。疫病神が侵入すると、高熱を発し、耐えがたいほどの激痛が走ったが、法力《ほうりき》を使って体内の疫病神を退散させると、痛みが和らいだ。

良源は一刻も早く人々を救おうと、弟子たちを呼んで大きな鏡の前で坐禅を組んだ。すると、鏡に映る良源の頭から角が生え、あばら骨が浮き、やせこけた鬼の姿に変わっていく。驚く弟子たちの中、絵心のある明普阿闍梨《みょうぶあじゃり》がその姿をすばやく描き写した。

良源はこう命じた。

「この鬼の姿を版木に刻んで刷り、家々の戸口に貼るよう人々に配りなさい」

こうして生まれた疫病よけの「角大師」のお札《ふだ》を貼れば、疫病はもとより一切の厄災が寄り付かなくなった。

その後、人々は毎年新しいお札を求め、戸口に貼るようになったという。

元三大師坐像
大吉寺蔵
（長浜城歴史博物館提供）

良源の母が出生祈願に訪れたという大吉寺（長浜市野瀬町）に伝わる木造の坐像。室町時代の作とされ、長浜市指定文化財。

鬼大師・降魔《ごうま》大師——女官《にょかん》もびっくり

「鬼大師」「降魔大師」と呼ばれるようになったいきさつも、かなりユニークだ。

若くして比叡山《ひえいざん》で実力を発揮していた良源は、都の貴族からの信頼も厚く、宮中に招かれることも少なくなかった。美男子だったので、女官たちの目から逃れるため、あえて鬼の面をかぶっていたという。

この時の面が「降魔面」といわれ、良源が創建した京都・盧山寺《ろざんじ》の寺宝となっている。

また、女官たちが酒宴に加わるように招き入れたところ、鬼の姿に変わったともいい、「鬼大師」と呼ばれるようになった。各地で鬼大師や降魔大師のお札が作られている。

盧山寺では例年2月3日の節分会《せつぶんえ》に、良源が鬼退治に使ったという法具「独鈷《どっこ》・三鈷《さんこ》」とともに「降魔面」が特別開帳される。

盧山寺は、京都・船岡山《ふなおかやま》の南に創建されたが、天正年間に現在地に移った。紫式部が住んだ邸宅跡としても知られる。

眉毛《まゆげ》が角に変化

良源の眉毛には特別な力が宿っており、眉毛が肥大化して鬼の角に変化したという。

また、肖像画には本当の眉毛が生えていて、それを抜こうとすると魔力によって跳ね返されるとも伝わる。

豆大師のお札（9ページ）にも、眉毛が強調して描かれている。

降魔大師像
玉泉寺蔵
（長浜城歴史博物館提供）
良源像を本尊とする玉泉寺（長浜市三川町）の木造坐像。江戸時代の作と伝わる。

鬼大師像
文殊仙寺蔵
「三人寄れば文殊の知恵」の発祥の地といわる文殊仙寺（大分県国東《くにさき》市）の木造坐像は、国東市指定文化財。

豆大師――魔《ま》を滅《めっ》する33人の童子《どうじ》たち

「豆大師」伝承の一つは、良源の死後600年以上も経った江戸時代に生まれた。

河内国《かわちのくに》（大阪府南部）の百姓が比叡山《ひえいざん》の横川《よかわ》にお参りに来ると、突然、豪雨になり、お堂に泊まることになった。田植えの終わった田んぼが心配だが、どうすることもできない。

お坊さんから、

「せっかく大師様にお参りに来ているのだから一途《いちず》にお祈りなさい」

と言われ、一心不乱に祈った。

雨が上がったので飛ぶように帰ったところ、まわりは水浸しなのに自分の田んぼだけが無事だった。不思議に思って近所の人に聞くと、夜明け前に30人余りの童子たちが現われ、田んぼを水害から守ってくれたという。

良源は観音様の化身《けしん》といわれていたため、その三十三化身と同じ33人の童子となって救ってくれたと人々は噂《うわさ》し、その姿をお札にしたという。

豆大師の「豆」は「魔を滅する」として、農業だけでなく災厄よけや病よけとされたり、たくさん描かれていることから商売繁盛を願ったりと、あらゆる人たちから信仰されるようになった。

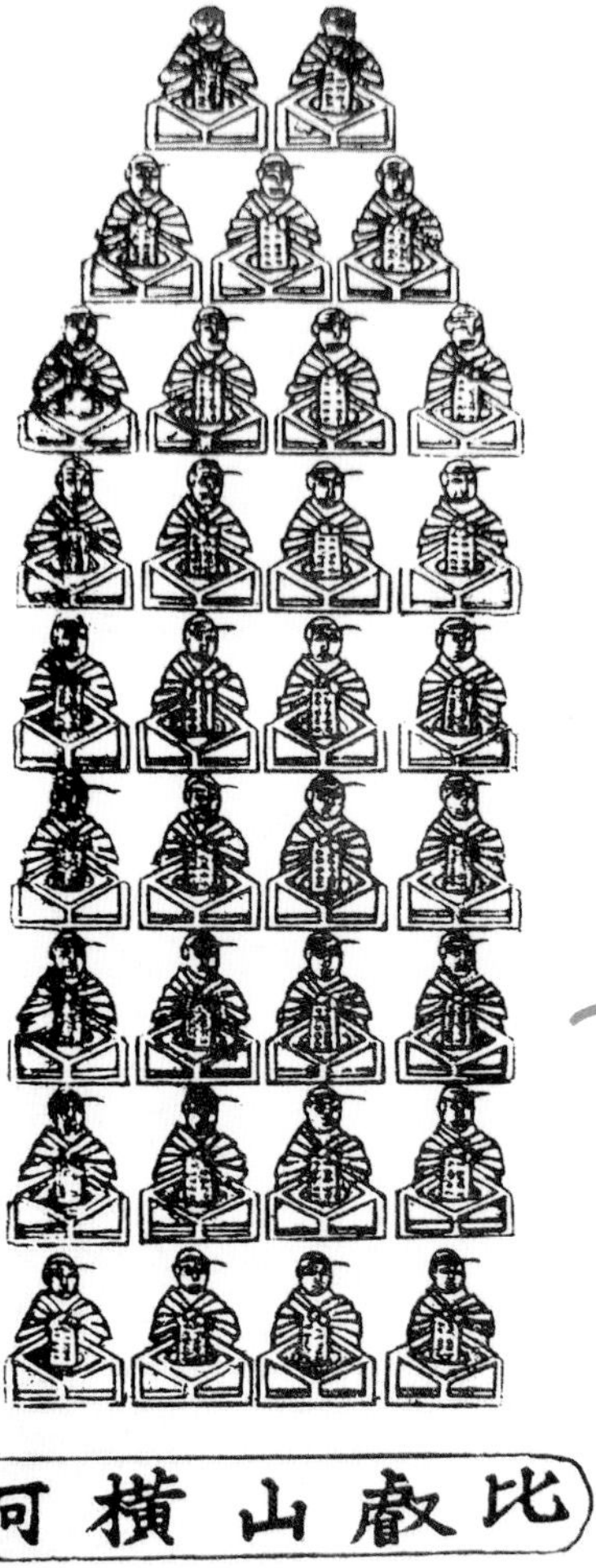

長浜み〜な編集室提供。写真説明は「み〜な　びわ湖から」114号（特集：おみくじの元祖元三大師）から転載

豆大師のお札

比叡山延暦寺・元三大師堂

眉毛が角になったといわれることから、小さいながらもいずれも眉毛が強調されている。

豆大師を拡大。野球帽をかぶっているようにも見えるが、もちろん眉毛。

厄よけや商売繁盛にご利益があるという元三大師のお札。長浜城歴史博物館の学芸員・福井智英《ふくいちえ》さんのコレクションから紹介しよう。

長浜み〜な編集室提供。写真説明は「み〜な　びわ湖から」114号(特集：おみくじの元祖元三大師)から転載

米井大泉寺《よないたいせんじ》

(高島市新旭町饗庭)

元三大師の出生地と伝わる大泉寺。優しそうな角大師

玉泉寺《ぎょくせんじ》

(長浜市三川町)

元三大師の出身地と伝わる玉泉寺の角大師。今にも動き出しそう

関《せき》善光寺(宗林寺)

(岐阜県関市西日吉町)

角は短め、グリグリ目玉。怖いと可愛いを併せ持ったコワカワ系

横川元三大師堂

(比叡山延暦寺横川)

鏡に映った元三大師の姿を写しとったのがこの絵。横川には、その時の鏡も残っている

蓮光院

(守山市木浜町)

端正な顔立ちのイケメン系

大原三千院

(京都市左京区)

愛嬌のある表情に思わずニンマリ。心まで元気になりそう

深大寺

(東京都調布市深大寺)

上品な角に華奢《きゃしゃ》な体。とてもスタイリッシュ

西教寺《さいきょうじ》

(大津市坂本)

甘いマスクのジャニーズ系。女官にモテモテだったことも頷《うなず》ける

元三《がんざん》大師お札 コレクション

川越《かわごえ》大師喜多院
（埼玉県川越市小仙波町）

元三大師の肖像をお札にしたもの。眉毛が長い！

横川《よかわ》元三大師堂
（比叡山延暦寺横川）

モテモテの大師は、こんな姿に変身して女官たちから逃れたという。

廬山寺《ろざんじ》
（京都市上京区）

落ち着いた表情に癒される

求法寺走井《ぐほうじはしりい》堂
（大津市坂本）

シャープな顎《あご》に角張った体。思わず身が引き締まる!?

寛永寺
（東京都台東区上野）

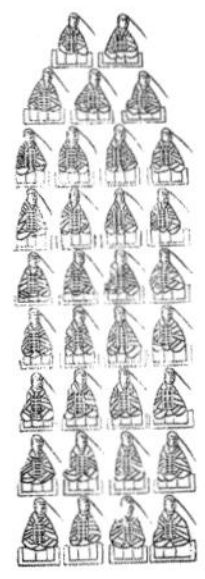

ピョーンと出ているのは左の眉毛。けっしてリーゼントなんかじゃありません！

求法寺走井堂
（大津市坂本）

きっちり並んだ様子はまるで組体操。33体のパワーを感じる

深大寺《じんだいじ》
（東京都調布市深大寺）

まぁるい雰囲気のお大師さん。豆大師の名称にぴったり

横川元三大師堂
（比叡山延暦寺横川）

一人ひとり表情のちがう豆大師さんが33人

真禅院
（岐阜県不破郡垂井町）

均整のとれた逞《たくま》しい体!?　虚弱体質に効くかも

「元三《がんざん》」と「大師」の由来

延暦寺《えんりゃくじ》の歴史は、近江国《おうみのくに》滋賀郡（滋賀県大津市）に生まれた最澄《さいちょう》が19歳で比叡山《ひえいざん》に草庵《そうあん》を結んだことに始まる。延暦7年（788）に根本薬師堂《こんぽんやくしどう》（中堂《ちゅうどう》）を建立し、天台教学を樹立した。弘仁《こうにん》13年（822）に亡くなると、清和《せいわ》天皇から僧侶として日本初の諡号《しごう》「伝教《でんぎょう》」を贈られた。

「大師」とは、中国皇帝が高僧の死後に贈った称号で、日本では最澄に贈られたことに始まる。

天台宗で大師と称されるのは、最澄と良源のほかに、円仁《えんにん》（慈覚《じかく》大師）、円珍《えんちん》（智証《ちしょう》大師）、真盛《しんせい》（慈摂《じしょう》大師）、天海《てんかい》（慈眼《じげん》大師）らがいるが、単に「お大師さん」といえば最澄か良源を指すことが多い。

良源には「慈恵《じえ》（慧《え》）」の諡号が贈られたので、本来は「慈恵大師」だが、正月三日に亡くなったことから人々は「元三大師」と呼ぶようになり、通称として広まった。

これまで紹介してきた「角《つの》大師」「鬼大師」「降魔《ごうま》大師」「豆《まめ》（魔滅）大師」のほか、「木葉《もくよう（このは）》大師」「御廟《みみょう》大師」「御鏡《みかがみ》大師」などとも呼ばれ、良源の神異を伝える伝説が数多く残っている。

良源の墓所・元三大師御廟は比叡山の魔所の一つとして崇敬を集めている。

※比叡山の魔所

元三大師御廟（横川《よかわ》）のほか、天梯権現祠《てんだいごんげんし》（東塔《とうどう》）、慈忍《じにん》和尚廟《かしょうびょう》（飯室谷《いいむろだに》）が神秘的な場所として知られる。

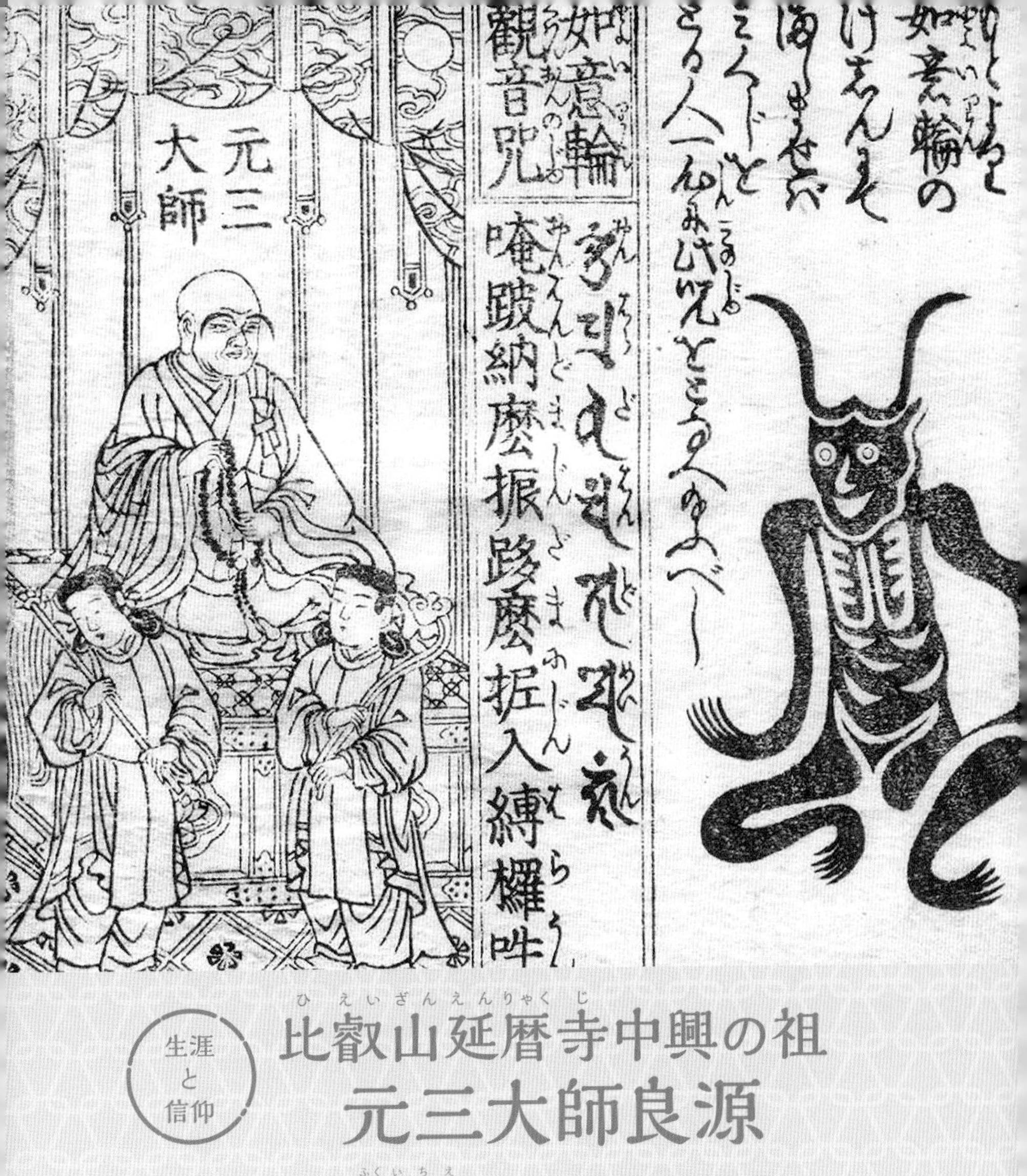

生涯と信仰

比叡山延暦寺中興の祖《ひえいざんえんりゃくじ》
元三大師良源

文：福井智英《ふくいちえ》　長浜城歴史博物館学芸員

良源《りょうげん》は近江国浅井郡《おうみのくにあざい》三川《みかわ》（滋賀県長浜市三川町）に生まれ、若くして比叡山にのぼり、延暦寺を発展させた。「観音の化身《けしん》」など、自身が信仰の対象にもなったその生涯をたどってみよう。

「み〜な　びわ湖から」114号(特集：おみくじの元祖元三大師) 掲載分を修正

●写真：『天明改正　元三大師御鬮繪抄《みくじえしょう》』（1785年、鶴屋喜右衛門発行）より

良源《りょうげん》の生誕地と玉泉寺《ぎょくせんじ》

「三川《みかわ》のお大師さん」――。地元の人々が尊敬と親愛の情を込めて呼ぶ寺院がある。滋賀県長浜市三川町にある玉泉寺だ。

　平安時代中期に活躍した比叡山《ひえいざん》延暦寺《えんりゃくじ》の僧侶、良源の生誕地とされ、本堂には本尊「木造慈恵《じえ》大師坐像」（重要文化財）が祀られる。良源は、別名「元三《がんざん》大師」とも呼ばれるが、むしろこちらの名前の方が知られているだろう。ここで、良源の事蹟について簡単に紹介しよう。

　良源の主な伝記資料としては、鎌倉時代に編《へん》纂《さん》された『慈恵大僧正《だいそうじょう》伝』（1031年、藤原斉《ふじわらのただ》信《のぶ》編）と『慈恵大僧正拾遺《しゅうい》伝』（1032年、梵照編）、そして室町時代に編纂された『慈恵大師伝』（1469年、蘭坡景茝《らんぱけいし》編）が知られる。

　これらの資料によると、良源は、延喜12年（912）9月3日に近江国《おうみのくに》浅井《あざい》郡（長浜市の一部）に誕生、父母については明らかにされず、姓は「木津《きづ／こ(う)づ》氏」、母は「物（物部）《もの(の)べ》氏」と伝えるだけであるが、高名な人物の出自を貴種で飾ろうとする風潮はよくあることで、良源も宇多《うだ》天皇のご落胤《らくいん》であるとか、菅原道真《みちざね》ゆかりの子であるとか、様々な説が生まれている。

玉泉寺本堂
長浜市三川町

玉泉寺の歴史　玉泉寺住職　吉田慈敬《よしだじけい》

良源座主《ざす》が母への孝養として生誕地に建立した草堂は「元三大師堂」と呼ばれた。盛時には、三塔・五大寺・四十八院・七十坊といわれ、加えて寺家と民家を合わせた巨大な寺院群であり、統括に「元三大師政所《まんどころ》」がおかれ、政所の任官は院宣《いんぜん》によりなされた。そのために人々は政所を上方と呼び、城形「ジョガタ」と呼称した。所領は岡屋庄に田地60余町をはじめ、坂田郡、高島郡、神崎郡、若狭国、遠くは出雲国等々に広大な荘園を有したと伝える。

天正元年（1573）信長の浅井攻めの際に全山が焼失。御本尊「元三大師像」は草野の奥高山（長浜市高山町）に避難した。その後、秀吉公、徳川家康公の仏法興隆の命を受け、元三大師の再来といわれた慈眼《じげん》大師天海《てんかい》大僧正の庇護《ひご》のもと、当寺の幸祐法印・憲清法印の努力により、五大寺の中「大師堂玉泉寺」として再建がなされた。

安永年間（1772～1781）には、彦根藩主井《い》伊《い》直幸《なおひで》公により、七間四面の重層入母屋《いりもや》造《づくり》として大改修がなされ、多くの人々の信仰を集めた。慶応4年（1868）の神仏分離令、明治4年（1871）の上知令で経済的基盤を失ったが、地域住民の元三大師への篤い信仰により昭和60年（1985）「元三大師壱千年大遠忌」の際、巨額の浄財により本堂大屋根の大改修が行われた。現在も五大寺の中、三川寺（下品寺）跡では「慈恵会」（三川地区老人会）主催の大《だい》施餓鬼《せがき》法要が盛大に行われている。

比叡山《ひえいざん》にのぼり繁栄をもたらす

幼い頃から霊童と評された良源は、12歳で比叡山に登り西塔《さいとう》の理仙《りせん》大徳に師事、優れた学識と弁舌によって頭角を現し、やがて時の権力者であった藤原氏の知遇を得るようになる。

康保《こうほう》3年（966）、若くして第18代天台座主《ざす》に就任、荒廃した堂塔の復興や天台教学の振興、山内の綱紀粛正《こうきしゅくせい》などに、たぐいまれなる手腕を発揮し、比叡山をこれまでにないほどに発展させた。

天延3年（975）、数々の功績が認められ、僧として最高の位である「大僧正」に任ぜられる。これは、奈良時代の行基《ぎょうき》以来のことで、異例の快挙であったという。

こうして、座主としておよそ20年という長きにわたり比叡山を統治した良源は、永観3年（985）1月3日、74歳で入滅。

正月三日に亡くなったことから「元三《がんざん》大師」と通称され、朝廷から「慈恵《じえ》（慧《え》）」の諡号《しごう》を賜った。その剛腕により、比叡山に空前の繁栄をもたらしたことから、「比叡山中興《ちゅうこう》の祖」として仰がれる。

慈恵大師像
長浜城歴史博物館蔵

厳しい表情で右手に数珠、
左手に法具を持ち、
良源の特徴である眉毛が
強調されている。
江戸時代前期の作。

観音の化身《けしん》として信仰される

僧侶として多くの功績を遺した良源《りょうげん》は、一方で、「角《つの》大師」や「豆大師」、「御廟《みみょう》大師」、「木の葉大師」などの民衆的な信仰の中で生き続けてきた人でもある。加持祈祷《かじきとう》に優れた「験者《げんざ》」として、天皇家や藤原家の祈祷を行っていたことから、非常に強い霊力をもった降魔《ごうま》（＝魔を降す）の人物として畏《おそ》れられ、次第に良源自身が信仰の対象となっていく。

鎌倉末期に成立した『元亨釈書《げんこうしゃくしょ》』（1323年、虎関師錬《こかんしれん》著）の中に、「自ら鏡をつかみ、写照《しゃしょう》していわく、我像を置くところ必ず邪魅を避けん、これを模して印すべし、天下争って伝わる」という記述があることから、すでにこの当時から、良源の像を摺写《しょうしゃ》し、それを魔除《よ》けとする信仰が広く行われていたと考えられている。

さらに、良源を「観音菩薩《ぼさつ》の化身」とする信仰も生まれた。鎌倉初期の『愚管抄《ぐかんしょう》』（1220年頃、慈円《じえん》著）に、「観音ノ化身ノ叡山ノ慈恵《じえ》大僧正」と記されており、天台宗内では、このような概念が一般化していたことが読み取れる。この良源に対する信仰（元三大師信仰）と観音三十三応現身《おうげんしん》（観音菩薩はあらゆる衆生《しゅじょう》を救済するため、その身を33通りの姿に変じるという法華経の教え）の思想にもとづき、33体、またはその倍数の66体の良源像が盛んに造像されるようになったのも、この頃からである

元三大師堂（四季講堂）
比叡山延暦寺

良源の居住地と伝わり、
本尊は坐禅を組む大師の画像。
四季ごとに法華経が論議
されたことから四季講堂
とも呼ばれる。

おみくじのルーツ「元三大師御籤《がんざんだいしみくじ》」

「良源＝観音菩薩の化身《けしん》」という元三大師信仰を強くあらわしているのが、江戸時代以降、民衆の間に広まったという元三大師御籤ではないだろうか。

元三大師御籤はおみくじのルーツともいわれ、第一番から第百番まで、五言絶句で吉凶や運勢を判断する。その解説書として出版されたのが、『元三大師御籤諸鈔《しょしょう》』や『元三大師百籤和解《わげ》』などの御籤本であり、その内容は、観音信仰を強く意識したものとなっている。

元三大師御籤の由来についても、「観音籤は、中国で観音菩薩の化身がつくった偈頌《げじゅ》(＝詩句)によるという。これを元三大師に託するのは、師もまた観音菩薩の応現(＝化身)であるため」と明言する。

魔を調伏する「降魔《ごうま》」の力と観音が持つ「慈悲」の心、一見、両極端にも思える二つの面を併せ持っているところが、元三大師信仰の面白さでもある。

人々の願いに応じて様々なイメージであらわされる良源は、言ってみればスーパースターのような存在であったのだ。そんな良源に対する信仰は、庶民の間にも広く浸透し、現在に至るまで篤い信仰を集めている。

御籤箱
玉泉寺蔵
（長浜城歴史博物館提供）

元三大師御籤箱
大吉寺蔵
（長浜城歴史博物館提供）

天海《てんかい》が広めた良源のお告げ

良源の死から約600年後の江戸時代初期、徳川家康の参謀として活躍した天海（慈眼《じげん》大師、1536〜1643）の夢枕に、天海が深く帰依《きえ》する良源が現れ、こう言ったという。

「信州戸隠山《とがくしやま》明神の神前に霊《れい》験《げん》あらたかな御籤《みくじ》がある。それを我が像の前に置いて占えば、人々の吉凶《きっきょう》禍福《かふく》を知ることができるだろう」

そのお告げに従い、天海が確かめると、戸隠山には五言四句の漢詩が書かれた御籤100枚が納められており、それらをもとに吉凶を占ったところ、的確な判断が得られた。

当時、元三大師信仰が広く庶民に浸透していた背景のなか、御籤（観音籤）は、天海によって「元三大師のお告げによるもの」として広められた。

（編集部）

晩年に故郷で盛大な法要を開く

良源《りょうげん》と浅井《あざい》郡（長浜市の一部）に関する話題に触れておこう。『慈恵大僧正拾遺伝《じえだいそうじょうしゅういでん》』によると、良源は、天元2年（979）、浅井郡の大吉寺や細江浜で大規模な法要を行っている。これは亡くなった母の遺言によるもので、大吉寺では100日間の護摩《ごま》法を行い、結願《けちがん》の日には音楽が供養され、その時の様子を見た人々は誰もが感嘆したと記録される。また、琵琶《びわ》湖岸の細江浜では3層の草堂と数十の雑舎を造り、3日間の法会《ほうえ》を修した。この時動員した僧侶は百余人、楽人《がくじん》数十人、時の権力者から多くの布施や禄物《ろくもつ》が寄せられ、近江国司や近隣国司の助力もあったという。

翌年には、この草堂で再び3日間の不断念仏を行い、浅井郡中の老人を多数招いて饗応を行っている。

この時、良源は68歳。天台座主《ざす》に就任して、すでに10年余りが経っており、比叡山《ひえいざん》の改革も一段落がついた頃だろう。大吉寺や細江浜での法要が、母の遺言に因《よ》ったことはもちろんであるが、やはり自分を育ててくれた故郷への恩返しの意味もあったのではないだろうか。

玉泉寺《ぎょくせんじ》では、今も「お大師様にお伺いをたてる」ため、家の新築や縁談など、人生の節目を迎えた人々が訪れるという。2層の重厚な甍《いらか》は、そんな人々の心の拠《よ》り所として、湖北の優しい風景に溶け込んでいる。

元三大師御廟《みみょう》
比叡山延暦寺
良源は遺言により、立派な墓をつくることを禁じたので、今も石柱だけの墓が残っている。

定心房《じょうしんぼう》　たくあん漬けの元祖

比叡山《ひえいざん》の麓《ふもと》にこんな童歌《わらべうた》が伝わっている。

　山の坊さん　なに食うて暮らす
　湯葉《ゆば》の付け焼き　定心房

比叡山での生活は「論湿寒貧《ろんしつかんぴん》」といわれるように、夏は湿気が多く、冬は厳しい寒さのなか、質素に暮らし、そこで教学を論じるというものだった。

定心房たくあん

良源はそんな比叡山で、丸干しした大根を塩と藁《わら》で重ね漬けにした漬物を発案したという。良源の住まいの名をとって「定心房」という名がついた。

一般的に、たくあん漬けは江戸時代の僧・沢庵《たくあん》の発明とされるが、作家の司馬遼太郎は、江戸で広めたのが沢庵だったのではないかと推測している。

比叡山麓《さんろく》では近年までたくあん漬けを定心房と呼んでいたという。現在も「定心房たくあん」の名で大津市の漬物メーカーが市販している。

元三大師道《がんざんだいしみち》　京都―大津と長浜

京都大原から仰木峠―横川《よかわ》―仰木の里へ、東海道自然遊歩道にそって、庶民が歩いた信仰の道が続き、常夜灯《じょうやとう》や道標が何基も立つ。

また、長浜市の玉泉寺《ぎょくせんじ》への街道にも元三大師道の道標が10基ほど立っている。

長浜市三川町に立つ道標
（長浜み～な編集室提供）

求《ぐ》法《ぼう》寺《じ》走井《はしりい》堂

良源が12歳で初めて比叡山に登ったとき立ち寄った場所で、走井元三大師堂とも呼ばれる。木造の元三大師坐像がご本尊。

比叡山《ひえいざん》の峰道

庶民が歩いた信仰の道で、分かりやすく道標が立ち、あちらこちらに石仏が祀られる。

比叡山延暦寺《ひえいざんえんりゃくじ》の歴史

最澄《さいちょう》が19歳の時、比叡山に草庵《そうあん》を作り、延暦7年（788）に根本薬師堂《こんぽんやくしどう》（中堂《ちゅうどう》）を建立、南都とは異なる「天台教学」を樹立する。最澄は唐に渡って大量の天台典籍とともに密教を持ち帰り、大乗戒壇《だいじょうかいだん》の独立を求め精力的に活動を続けたが、弘仁《こうにん》13年（822）56歳で逝去。7日後に戒壇設立の勅許《ちょっきょ》が下り、比叡山寺から延暦寺と改称、日本天台宗が完成した。

3代座主《ざす》・円仁《えんにん》は、東塔《とうどう》、西塔《さいとう》の伽藍《がらん》の整備に努め、横川《よかわ》が開かれた。その後、相応《そうおう》が修験道《しゅげんどう》を取り入れ、千日回峰行《かいほうぎょう》を創始する。

18代座主となった良源は「広学堅義《こうがくりゅうぎ》」を創始、就任後すぐに焼失した堂宇の復興や、根本中堂をはじめ多くの堂宇の再建や綱紀粛正《こうきしゅくせい》に尽力し、横川を独立させた。世俗化を嫌った源信《げんしん》（恵心僧都《えしんそうず》）は、念仏三昧《ざんまい》の修行に徹し『往生要集《おうじょうようしゅう》』を著わすと、その影響は大きく、法然《ほうねん》・親鸞《しんらん》・一遍《いっぺん》・真盛《しんせい》・日蓮《にちれん》ら各宗派の始祖を多数輩出する。

比叡山はさまざまな政争の場にもなり、戦国時代、織田信長によって延暦寺や日吉神社などは徹底的な焼き討ちにあう。焦土の復興に努め、「比叡三塔十六谷《こく》」の現在の姿に整えたのが徳川家康に仕えた天海《てんかい》であった。徳川家康・秀忠・家光の帰依を受け、堂宇の再建をはじめ、焼失した文献・書経を諸国天台寺院より集め、延暦寺の復興に尽くす。一方で平安時代から深くかかわりがあった朝廷との分断をはかり、全国的支配の総本山とした。

平成6年（1994）には「古都京都の文化財」（京都市、宇治市、大津市）の一つとして世界文化遺産に登録された。根本中堂の不滅の法灯は、今も最澄の志を伝えている。

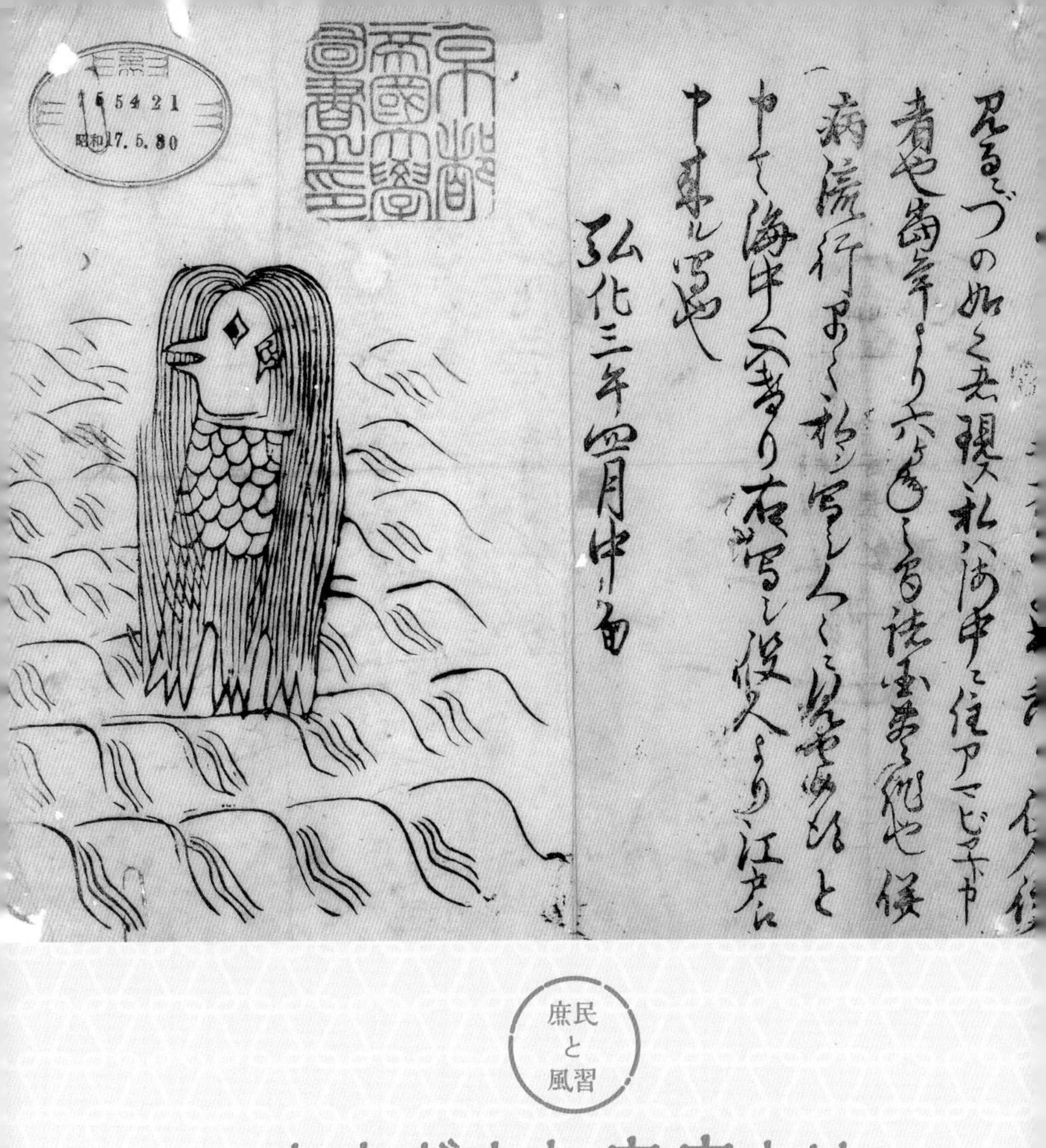

庶民と風習

さまざまな疫病よけ

コロナ禍のなか脚光を浴びる江戸時代の予言獣アマビエや、浮世絵に描かれた麻疹《ましん》（はしか）退治、滋賀県に伝わる天然痘《てんねんとう》（疱瘡《ほうそう》）の神送りなど、疫病よけの民間信仰を紹介しよう。

●写真：**アマビエが描かれた摺物《すりもの》（京都大学附属図書館蔵）**
江戸時代後期、肥後国（熊本県）の沖合に現れ、「疫病がはやった時には、私の姿を描いて人々に見せよ」と言って海に帰っていったという。

アマビエで新型コロナ拡大防止

知らないうちに、拡めちゃうから。
STOP!
感染拡大
— COVID-19 —

厚労省のコロナ拡大防止啓発アイコン

厚生労働省の公式サイトにも妖怪アマビエを使ったアイコンが登場した。若年層に向けて新型コロナウイルス感染症の拡大防止を呼び掛けている。

■**厚生労働省**　https://www.mhiw.go.jp

諫早神社
無病息災

諫早《いさはや》神社のアマビエ「クラフトぬりえ」

熊本に現れたアマビエにちなみ、九州総守護の四面宮《しめんぐう》・諫早神社（長崎県諫早市）が、無病息災の祈りを込めて工作塗り絵を制作、配布しており、公式サイトでもダウンロード可能。SNSにはハッシュタグ「#わたしのアマビエ」で多くの作品が寄せられている。

■**諫早神社**　https://isahaya-jinja.jp/

浮世絵に描かれた病魔退治

歌川房種《うたがわふさたね》『麻疹軽くする法』（内藤記念くすり博物館提供）

江戸時代末期の錦絵で、医師に診察を受ける麻疹《ましん》（はしか）患者のまわりに７匹の病魔を描く。症状を軽くする方法として「節分の夜、門に差したヒイラギの葉を煎じて飲む」「タラヨウの葉にまじないの歌を書いて川に流す」と書かれている。

歌川芳員《うたがわよしかず》「諸神の加護によりて良薬悪病を退治の図」
（内藤記念くすり博物館提供）

明治時代の錦絵で、牛頭天王《ごずてんのう》や山王権現《さんのうごんげん》、稲荷明神《いなりみょうじん》ら天上の神々の加護のもと、武器を持った西洋薬が、水腫や腹痛などの病魔を撃退している。

近江の風習にみる疱瘡《ほうそう》封じ

さんだわら

昭和40年（１９６５）頃までは、麻疹《ましん》（はしか）や天然痘《てんねんとう》（疱瘡《ほうそう》）の侵入を防ぐため、桟俵《さんだわら》（米俵のふた）に赤や白の御幣《ごへい》を立て、もち米のおにぎりを置いて、村外れの橋のたもとなどに供えた。

はしかの場合（写真左）は、白い紙で巻いた笹のお湯払い２本と、白い御幣を１本立て、黒ゴマ入りの白米のおにぎり１個を置く。

疱瘡の場合（写真右）は、赤い御幣と赤い紙で巻いた笹のお湯払いで、赤飯のおにぎりを置く。

※『ふるさと百科　能登川てんこもり』（滋賀県神崎郡能登川町、１９９７）から抜粋、写真転載

張り子の猩々《しょうじょう》

疱瘡よけのまじないとして、猩々（オランウータンに似た空想の獣）の人形を祀る風習が、草津市から野洲市周辺にかけて昭和40年頃まで残っていたという。

能や歌舞伎で演じられる姿に似せて作られた、赤く長い髪の猩々に、赤い達磨《だるま》を添えて朱紙の上に飾り、土器《かわらけ》に酒と赤飯を盛って七日七夜、かまどの上に祀る。そうすることで疱瘡の厄をこれらに移し、桟俵に載せて、町の辻や川に流し去らせたという。

風習は廃れたが、民芸品として作られている。

※近江郷土玩具研究会編『近江の玩具』（サンライズ出版、1997）から抜粋

本書で紹介した良源ゆかりの寺院

玉泉寺	滋賀県長浜市三川町	良源の生誕地とされ、本尊は母のために自ら彫ったという良源坐像（秘仏・重要文化財）
大吉寺	滋賀県長浜市野瀬町	良源の母が出産祈願したという。良源坐像は室町時代の作とされ、長浜市指定文化財
米井大泉寺	滋賀県高島市新旭町饗庭	良源の生誕地とされ、境内の大師産湯の池は良源が生まれた時に湧き出たと伝わる
比叡山延暦寺	滋賀県大津市坂本本町	横川元三大師堂（四季講堂）は良源の居所とされる。元三大師御廟には石柱だけの墓が立つ
求法寺走井堂	滋賀県大津市坂本	本尊は良源像。延暦寺に入る前に修行の決意を固めた地とされ、走井元三大師堂ともいう
西教寺	滋賀県大津市坂本	天台真盛宗の総本山。良源が建てた草庵に始まるともいう。明智光秀一族の墓所として有名
蓮光院	滋賀県守山市木浜町	増賀上人による良源像が安置され、例年１月に家内安全・無業息災の祈願法要が行われる
廬山寺	京都府京都市上京区	良源が創建。良源がかぶった「降魔面」や鬼退治に使った法具を例年２月３日に公開
大原三千院	京都府京都市左京区	最澄が比叡山東塔南谷に一宇を構えたことに始まり、平安後期以降、宮門跡となる
関善光寺（宗林寺）	岐阜県関市西日吉町	月命日の毎月３日に良源を供養。お札に加えて、梵字と金色の姿をあしらった御朱印も用意
真禅院	岐阜県不破郡垂井町宮代	朝倉山の山号にちなんで朝倉寺とも呼ばれる。かつては近隣にある南宮大社の僧房
上野寛永寺	東京都台東区上野	天海が江戸城の鬼門に東の比叡山「東叡山」として建立。天海とともに良源も祀られる
深大寺	東京都調布市深大寺	元三大師堂があり、例年３月は厄除元三大師祭でにぎわう。２m近い良源坐像を有する
川越喜多院	埼玉県川越市仙波町	関東天台宗の本山で川越大師の別名で知られる。本堂の慈恵堂に良源と不動明王を祀る
文殊仙寺	大分県国東市国東町	日本三大文殊の一つで、本尊は文殊菩薩。角が生えた「鬼大師」像は国東市指定文化財

良源像（重要文化財）を有するおもな寺院

※編集部調べ

玉泉寺	滋賀県	鎌倉時代
延暦寺（本覚寺）	滋賀県	文永２年（1265）
求法寺走井堂	滋賀県	文永４年（1267）
曼殊院	京都府	文永５年（1268）
真福寺	愛知県	文永11年（1274）
延暦寺（黒谷青龍寺）	滋賀県	弘安９年（1286）
金剛輪寺	滋賀県	弘安９年（1286）／正応元年（1288）
垂坂山観音寺	三重県	観応２年（1351）